전쟁과 지혜의 신 아테나

주니어 RHK

일러두기

이 책은 SBS에서 방영된 애니메이션 〈올림포스 가디언〉의 스토리북 《그리스 로마 신화 올림포스 가디언》을 재구성한 초등 필수 인문 교양서입니다.

신화적 가치

신화는 한 민족의 기원이나 역사적·종교적·문화적 삶의 모습을 보여 주는 옛이야기입니다. 주로 신과 영웅에 관한 이야기가 많고, 오랫동안 입에서 입으로 전해 내려왔다는 특징이 있지요.

우리가 살펴볼 그리스 로마 신화는 고대 그리스와 로마에 전해 오는 신화와 전설을 한데 묶은 것입니다. 그리스 로마 신화는 고대의 삶을 엿보게 해 주는 문화유산일 뿐만 아니라, 세계 여러 나라의 문학과 미술에 큰 영향을 끼쳤습니다. 하지만 문화적 가치만큼이나 중요한 것이 또 있습니다. 오래된 옛이야기이면서도 거기에 담긴 교훈적 가치가 오늘날에도 여전히 쓸모 있고 중요하다는 사실입니다.

놀랍지 않나요? 수천 년 전의 이야기가 어떻게 과학 문명이 고도로 발달한 오늘날에도 통하는 것일까요? 그것은 바로 그리스 로마 신화에 나오는 신과 영웅의 모습이 오늘날 우리의 모습과 다르지 않기 때문입니다. 신들도 우리처럼 분노하고, 질투하고, 실수를 하지요. 그런 모습을 보면서 우리는 깔깔 웃거나 눈물을 흘리고, 교훈과 감동을 얻습니다. 우리가 그리스 로마 신화를 읽어야 하는 까닭이 바로 이것입니다.

신화의 세계로 떠날 여러분에게 한마디 덧붙이자면, 신화는 우리에게 끝없는 상상력을 요구한다는 점입니다. 신화 속에는 수많은 은유와 상징이 곳곳에 널려 있지요. 따라서 신화를 읽을 때에는 상상력을 최대한 발휘하여 신화 속에 숨겨진 의미를 찾고, 그것을 자기 나름대로 재해석하는 과정이 필요합니다. 이렇게 읽었을 때에야 비로소 여러분 앞에 놀라운 삶의 이야기가 펼쳐질 것입니다.

자, 그럼 흥미진진한 신화의 세계 속으로 함께 떠나 볼까요?

주요 등장인물

제우스

올림포스 신들의 왕으로, 하늘과 벼락의 신이에요. 아끼는 딸 아테나에게 그녀가 원하는 마을을 주고 싶어 하지만, 올림포스 신들 뜻에 따라 공정하게 대결하게 해요.

아레스

제우스와 헤라 사이의 아들이에요. 아테나와 마찬가지로 전쟁의 신이지만, 아테나와는 반대로 피를 부르는 잔혹한 전쟁을 좋아해요. 아테나와 바위 던지기를 해서 지지만, 그 뒤로도 계속 시비를 걸어요.

아테나

제우스의 딸로, 전쟁과 지혜의 여신이에요. 제우스의 명령으로 아레스를 혼내 주고, 포세이돈과의 대결에서 승리해 아테나이의 수호신이 돼요. 신에게 맞서는 아라크네를 혼내 주기 위해 길쌈 대결을 벌여요.

포세이돈

바다의 신으로, 제우스와는 형제 사이예요. 제우스가 티탄족과 싸울 때 그를 도와 싸움을 승리로 이끌어요. 작은 마을을 두고 아테나와 대결을 벌이지만, 지고 말아요.

아프로디테

아름다움과 사랑의 여신으로, 올림포스의 여신들 가운데 가장 아름다운 여신으로 꼽혀요. 상대방의 마음을 잘 유혹하고 질투심이 많아요.

제피로스

서풍의 신으로, 트라키아 동굴에 산다고 해요. 프시케와 에로스 사이를 이어 주는 역할을 해요.

아라크네

리디아 출신의 여자로 길쌈 솜씨가 매우 뛰어났어요. 그러나 겸손하기는커녕 자신의 실력만 믿고 아테나에게 도전해, 결국 거미가 되는 가혹한 운명에 처해요.

에로스

아프로디테의 아들로, 사랑의 신이에요. 신과 인간에게 화살을 쏘아 사랑이나 미움을 싹트게 하는 능력이 있어요. 프시케를 보는 순간 실수로 자신의 화살촉에 찔려 그녀를 사랑하게 돼요.

프시케

아름다운 외모로 사람들로부터 많은 사랑을 받아요. 하지만 그것 때문에 아프로디테 여신의 미움을 사지요. 괴물 남편과 결혼하게 될 것이라는 아폴론의 신탁을 받고, 순순히 운명을 따라요.

차례

주요 등장인물 4
프롤로그 7

| 1장 | **전쟁과 지혜의 신 아테나** .... 8 |

| 2장 | **아테나에게 도전한 아라크네** .... 48 |

| 3장 | **프시케를 사랑한 에로스** .... 86 |

부록 미로 찾기 128   나만의 컬러링 129   올림포스 신들의 계보 130
그리스 로마 신화 주요 인물의 이름 131

프롤로그

제우스의 머리에서 다 자란 모습으로 무장을 한 여신이 태어납니다.
언제나 당당하고 지혜로운 신, 전쟁의 신이지만
정의로운 전쟁에만 나서는 그 여신의 이름은 바로 아테나!
아테나는 난폭하기로 소문난 아레스와
바다의 신 포세이돈과 대결을 벌이게 됩니다.
과연 아테나는 승리를 거둘 수 있을까요?

1장
전쟁과 지혜의 신 아테나

어느 날, 하늘의 신 우라노스와 대지의 여신 가이아가 제우스에게 예언했습니다.

"당신은 당신의 아들에게 왕위를 빼앗길 것이오."

"뭐라고요? 정말입니까? 하지만 그건 절대 있을 수 없는 일입니다!"

제우스는 거세게 항의했지만 올림포스 신들의 왕인 제우스조차도 예언을 되돌릴 수 없었습니다. 제우스는 이 예언 때문에 마음이 영 찜찜했습니다.

혹시나 정말로 자기 자식에게 왕위를 빼앗길까 두려웠기 때문입니다. 그래서 제우스는 아예 아이가 태어나지 못하도록 임신한 아내 메티스를 집어삼켜 버렸습니다.

제우스는 메티스를 삼켰으니 그 예언은 실현될 수 없으리라 생각하며 안심했습니다. 그런데 달이 차고 메티스가 아이를 낳을 때 즈음이 되자, 갑자기 제우스는 머리가 깨질 듯이 아파졌습니다.

"헤파이스토스! 헤파이스토스! 머리가 너무 아파! 어서 내 머리를 열어 줘!"

제우스는 머리를 감싸 쥐고 소리를 지르며 괴로워했습니다. 급하게 달려온 헤파이스토스는 연장으로 제우스의 머리를 열었습니다.

"오, 제우스 님 머리에서 색색의 빛이 뿜어져 나오고 있어!"

헤파이스토스가 제우스의 머리를 열자, 그 속에서 여러 가지 빛을 가르며 투구를 쓰고 창과 방패를 든 여신이 튀어나왔습니다.

"맙소사! 제우스 님의 머리에서 완전 무장을 한 여신이 태어나다니!"

올림포스에서 이 모습을 지켜보던 다른 신들은 모두 깜짝 놀랐습니다.

하늘을 향해 태어난 그녀의 이름은 '하늘의 여왕'이라는 뜻에서 '아테나'라고 불리게 되었습니다. 올림포스의 신들은 하늘의 여왕이 탄생한 것을 기뻐하며 환영했습니다.

지혜를 상징하는 머리를 뚫고 태어난 아테나는 지혜의 여신이 되었습니다. 아테나는 사려 깊고 지혜로운 메티스의 딸답게 매우 지혜로웠습니다. 눈에서는 총명한 기운이 흘러넘쳤으며 언제나 진지하고 신중했습니다.

아테나는 아들로 태어나지 않았기 때문에 예언자의 말대로 제우스의 왕위를 빼앗는 일은 일어나지 않았습니다. 자식이 태어나는 것을 원치 않았던 제우스도 아름답고 총명한 딸을 얻은 것이 매우 기뻤습니다.

아테나는 제우스가 가장 예뻐하는 딸이 되었습니다. 제우스는 아테나를 가장 믿음직스럽다고 생각했고, 자신의 방패, 허리띠, 번개를 나르게 했습니다.

아테나는 지혜의 신이지만, 태어날 때부터 창과 투구, 방패를 갖추고 태어난 전쟁의 신이기도 했습니다. 번쩍이는 투구를 쓰고 날카로운 창과 강력한 방패를 든 아테나의 모습을 보면 누구나 두려움에 떨었습니다.

하지만 아테나가 돕는 전쟁은 피로 물드는 폭력적인 전쟁이 아니라 평화를 위해 싸우는 정의로운 전쟁이었습니다. 아테나는 폭력적이고 야만적인 전쟁을 좋아하지 않았습니다.

"나는 전쟁의 신이지만 폭력적인 전쟁이 일어나는 것을 원치 않아. 나의 힘은 오로지 평화를 지키는 데에만 쓰겠어."

아테나는 자신의 무기를 바라보며 다짐했습니다.

지혜와 전쟁의 신 아테나

황금빛 투구를 쓰고 갑옷을 입은 당당한 아테나의 모습이에요. 입을 꼭 다문 채 정면을 똑바로 바라보는 표정이 무척 근엄해 보여요. 아테나는 괴물 고르곤의 목이 한가운데에 달린 방패 아이기스를 지니고 다녔어요. 누구든 그 방패에 있는 고르곤의 얼굴을 보게 되면 그 자리에서 돌이 되고 말았대요. 아테나는 이렇게 전쟁의 신으로서 막강한 힘을 지녔을 뿐만 아니라, 재주가 많아 전차나 무기를 발명하기도 하고, 실을 뽑는 방적 기술이나 갖가지 수공업에도 뛰어난 능력을 발휘했어요.

〈팔라스 아테나〉 구스타프 클림트

그런데 올림포스에는 아테나 말고 또 한 명의 전쟁의 신이 있었습니다. 바로 제우스와 헤라 사이에서 태어난 아레스였습니다. 아레스도 투구를 쓰고 갑옷을 입고 무기로 완전 무장을 하고 다녔습니다. 그리고 가끔은 말들이 끄는 멋진 전차를 타고 나타났습니다.

아레스는 어머니 헤라를 닮아 외모는 아름다웠지만 성미가 고약하고 행동이 거칠고 사나웠습니다. 그래서 아테나와 달리 피를 부르는 폭력적인 전쟁을 좋아하고, 언제나 먼저 싸움이나 전쟁을 일으켰습니다.

"아! 심심한데 저기 지나가는 사람들한테 시비나 한번 걸어 볼까?"

이처럼 아레스는 별다른 이유도 없이 그저 싸우고 싶어 다툼을 일으키곤 했습니다.

"제우스 님, 제발 아레스 좀 말려 주세요."

"아레스가 나타나는 곳마다 싸움이 벌어지니 모두 아레스와 마주치지 않길 바란다니까요."

아레스가 이처럼 문제를 일으키고 다니자 제우스는 골치가 아팠습니다.

공포를 몰고 다니는 전쟁의 신 아레스

전쟁의 신 아레스는 비록 성미는 고약했지만, 헤라의 아들답게 외모가 뛰어났어요. 그는 미의 여신 아프로디테와의 사이에서 자식을 여럿 두었어요. 그들의 자식들은 공포의 신 '포보스', 걱정의 신 '데이모스', 사랑의 신 '에로스', 조화의 신 '하르모니아'예요. 아레스는 이들 중에서도 공포의 신 '포보스'와 걱정의 신 '데이모스'를 항상 데리고 다녔어요. 그래서 전쟁이 일어나면 언제나 공포와 걱정이 뒤따르지요.

제우스는 아레스를 어찌해야 할까 고민하다가 아테나를 불렀습니다.

"지혜로운 아테나야. 아레스를 어찌하면 좋겠느냐?"

"제우스 님, 너무 걱정하지 마세요. 제가 아레스를 만나 보겠습니다."

"그래, 넌 지혜의 신이니 아레스 일을 너에게 맡기마. 혹시라도 내 도움이 필요하다면 머뭇거리지 말고 말하거라."

아테나는 근심에 싸인 제우스를 안심시키고, 아레스를 혼내 줄 방

법을 생각했습니다. 사실 아테나 역시 사납고 폭력적인 아레스를 한 번은 혼내 주어야겠다고 생각하고 있었습니다. 아레스가 크고 작은 다툼을 벌이는 것도 못마땅했지만, 그가 일으키는 전쟁을 막기 위해 쫓아다니는 것도 지겨웠기 때문입니다.

"난폭한 아레스를 지켜만 봐서는 안 되겠어. 나, 전쟁의 신 아테나의 힘을 보여 주지!"

그길로 아테나는 아레스를 찾아갔습니다.

"아레스, 당신이 폭력적인 전쟁을 일으키는 것을 더 이상 두고 보지만은 않겠어. 그러니 좋은 말로 할 때 멈추시지!"

"흥, 무슨 소리를 하는 거야? 나한테 소리를 지르면 내가 겁을 먹고 냉큼 꼬리를 내릴 줄 알았어? 웃기지도 않군. 난 절대로 멈추지 않아. 싸움이 얼마나 재미있는데!"

아레스가 콧방귀를 뀌며 대꾸했습니다. 아테나는 아레스에게 본때를 보여 줘야 한다는 것을 깨달았습니다.

아테나는 싸움이나 전쟁을 즐기지 않지만 결코 도전을 피하지 않았습니다.

더욱이 아테나는 전투나 전쟁에서 한 번도 패하지 않은 유능한 전쟁의 신이었습니다.

"더 이상 말이 통하지 않겠군. 어쩔 수 없다. 그럼 이제 내가 상대해 주지."

"좋아! 오늘은 전쟁의 신끼리 한판 벌여 보자고! 이거 아주 신나겠는걸!"

"좋아, 아레스. 그럼 이렇게 겨루도록 하자. 하나, 둘, 셋 하면 각자 자기 쪽에 있는 바위를 들어 서로에게 던지는 거야."

"그래도 되겠어? 그 바위는 아테나 너에게는 조금 무거워 보이는데?"

"싸움을 입으로 하나? 어서 시작하자고!"

"그래, 좋아!"

"하나, 둘, 셋!"

아레스와 아테나는 동시에 바위를 향해 달려들었습니다. 싸움과 전쟁으로 몸이 단련된 아레스는 재빨리 바위를 들어 올렸습니다. 그러나 그 순간 요란한 소리와 함께 바위가 날아왔습니다.

아테나가 아레스보다 더 빨랐던 것입니다.

"으윽, 이 바위 좀 치워 줘. 네가 이겼어, 아테나."

바위에 깔린 아레스는 목을 잡고 고통스러워하며 소리쳤습니다. 그리고 바위에서 빠져나오게 되자 겨우 몸을 일으켜 아테나 앞에 무릎을 꿇었습니다.

아레스의 도전

아레스와 아테나의 싸움 장면이에요. 어둡고 음침한 공포가 느껴지는 전쟁터가 배경인데 주인공인 아테나와 아레스에게만 밝은 빛이 비치고 있어요. 전쟁과 피를 상징하는 붉은 망토를 입고 바닥에 쓰러져 있는 아레스와 평화와 정의를 상징하는 푸른 망토를 두른 아테나가 대조적으로 보여요. 아테나를 향해 손을 뻗고 있는 아레스는 아테나를 올려다보며 패배를 인정하는 듯하고, 아테나는 당당하게 아레스를 내려다보고 있어요.

〈아레스와 아테나의 싸움〉 자크 루이 다비드

"아레스, 이건 경고에 지나지 않아. 앞으로도 그렇게 싸움과 전쟁을 일삼는다면 더 큰 고통을 안겨 줄 테니 그런 줄 알아."

아테나는 아레스를 차갑게 꾸짖으며 사라졌습니다. 이 일이 있고 난 후 한동안 아레스는 조용히 지내는 듯 보였습니다. 하지만 못된 버릇을 고치지 못하고 이후로도 아테나와 몇 번이나 부딪쳤습니다. 하지만 번번이 아테나에게 상처를 입고 패했답니다.

아테나는 난폭한 전쟁의 신 아레스를 이긴 유일한 신이 되었습니다. 그 후로 아레스는 아테나라는 이름만 들어도 벌벌 떨며 꽁지를 빼고 달아나게 되었답니다.

어느 날, 지혜의 신 아테나가 평소 자신이 좋아하는 마을을 내려다보고 있을 때였습니다.

"아, 정말 아름다운 곳이야. 저 마을이 내 마을이라면 더욱 아름답고 살기 좋게 가꿀 텐데……."

그때 갑자기 포세이돈이 나타나 아테나의 말에 끼어들며 분위기를 흐렸습니다.

"그 마을은 네가 절대로 가질 수 없다."

"포세이돈 삼촌, 그게 무슨 말이죠?"

"그 마을은 이미 내가 오래전에 점찍어 두었거든. 그러니 절대로 네가 가질 수 없다는 말이지."

"뭐라고요? 전 그런 말은 처음 듣는걸요. 저 마을은 딱 저에게 어울리는 마을이에요."

"이런, 영 말이 안 통하는군. 그렇다면 힘으로 할 수밖에 없지. 우리 둘 중에서 누가 저 마을을 가질 자격이 있는지 힘으로 겨뤄 보자!"

곧 전쟁의 신 아테나와 바다의 신 포세이돈 사이에 큰 싸움이 벌어졌습니다. 올림포스산과 산 아랫마을에 시끄럽게 천둥 번개가 치고 거센 바람이 불면서 큰 소란이 났습니다. 제우스는 깜짝 놀라 포세이돈과 아테나에게 달려갔습니다.

"아니, 대체 지금 무슨 일들을 하는 것이오! 정녕 올림포스 신전을 부술 참이오?"

"아테나가 감히 내가 먼저 점찍어 둔 마을을 갖겠다고 덤비지 뭡니까?"

"무슨 말씀이세요! 포세이돈 삼촌, 저 마을은 아직 그 어떤 수호신도 없다고요! 자신의 것인 것처럼 말하지 마세요!"

"힘으로 싸우는 짓은 당장 그만두시오. 신들의 의견을 물어 결정하도록 합시다."

제우스는 자신이 사랑하는 딸 아테나에게 그 마을을 주고 싶었지만, 포세이돈의 불같은 성격을 잘 알기에 다른 신들의 의견을 듣고 공정하게 결정하기로 했습니다.

제우스의 부름을 받고 모든 신이 올림포스산 꼭대기에 모였습니다.

"자, 모두 모였으니 누가 그 아름다운 마을을 다스릴 신으로 적합한지 의견을 말해 보세요."

아프로디테가 자신의 아름다움을 뽐내며 우아하게 먼저 말했습니다.

"무엇보다 중요한 것은 누가 더 그 마을 사람들을 행복하게 해 줄 수 있느냐 하는 것이죠. 그러니 두 신에게 마을 사람들을 기쁘게 할 선물을 한 가지씩 생각해 오라고 하면 어떨까요?"

제우스는 아프로디테의 말에 고개를 끄덕였습니다.

"좋은 생각인 것 같군. 그럼 포세이돈과 아테나는 각자 마을 사람들에게 어떤 선물을 줄 것인지 생각해서 발표하시오. 우리는 그것을 듣고 판단하겠소."

잠시 뒤 포세이돈과 아테나는 다시 신들 앞에 섰습니다.

"무엇을 준비했는지 포세이돈부터 말해 보시오."

"저는 말을 준비했습니다. 제가 가장 아끼는 말이지요. 제가 이 말을 타고 바다를 가로지를 때마다 사람들이 저를 부러운 눈빛으로 바라보더군요. 그러니 제가 이 말을 마을 사람들에게 주면 얼마나 좋아하겠습니까? 이 잘생기고 힘센 말을 보세요. 마을 사람들은 이 말로 무거운 마차를 끌 수도 있고, 전쟁에서도 사용할 수 있을 것입니다. 물론 이 말을 마을에 두고 바라보기만 해도 그저 좋겠지요."

아테나와 포세이돈의 대결

아테나와 포세이돈의 대결을 그린 그림이에요. 투구를 쓰고 방패를 든 아테나와 말을 이끌고 삼지창을 든 포세이돈의 모습이 보이네요. 아테나는 땅 위에 서서 붉은 천을 두르고 있으며, 포세이돈은 물 위에서 파란 천을 두르고 있어요. 반대되는 이미지와 색을 통해 두 신이 서로 팽팽하게 맞선 모습을 잘 드러내는 것 같아요.

〈아테나와 포세이돈〉 제임스 손힐

포세이돈이 자신의 말을 자랑스럽게 쓰다듬으며 말했습니다.

"아, 정말 멋진 말이군!"

신들도 포세이돈의 아름다운 말에 넋을 잃었습니다. 포세이돈이 힘센 말을 타고 뽐내고 있을 때였습니다. 옆에 있던 아테나가 신들 앞으로 성큼 나섰습니다.

 "말이라면 마을에도 있는데 굳이 포세이돈의 말을 탈 필요가 있을까요? 저는 이 올리브를 준비했습니다. 그 마을은 여름에는 기온이 높고 비가 많이 오지 않아서 식물이 잘 자라지 않아요. 그렇지만 올리브는 물을 많이 먹지 않으면서도 열매를 주렁주렁 맺지요. 올리브 열매로 만든 기름은 밤이면 세상을 환하게 밝혀 주고, 상처를 낫게 해 주며, 몸에 좋은 귀한 음식이 되기도 한답니다."

 "아, 그렇군. 올리브는 열매를 따 먹을 수 있고 기름도 만들 수 있으니 사람들에게 큰 도움이 되겠는걸."

아테나의 선물 올리브

올리브는 아테나가 인간에게 베푼 '신의 선물'이에요. 올리브 열매는 그냥 먹을 수도 있고 기름으로 만들어서 사용하기도 해요. 특히 올리브기름은 음식을 만들 때 사용하고, 피부나 머릿결을 부드럽게 만들 뿐 아니라 약이나 연료로도 사용하지요. 그래서 올리브 열매는 많은 사람에게 사랑을 받아요. 올리브는 지중해 연안이나 유럽 등지에서 생산되는데, 그중에서도 그리스에서 나는 올리브를 최고로 친답니다. 고대 그리스에서는 한때 올리브를 함부로 베지 못하게 하는 법을 만들었을 정도로 올리브를 소중하게 여겼지요.

신들은 포세이돈과 아테나의 이야기를 모두 듣고 나서 누구의 선물이 사람들에게 도움이 될지 생각했습니다. 그리고 제우스를 제외한 모든 신이 한 표씩 투표했습니다.

"자, 이제 결과가 나온 것 같군. 마을을 다스리게 될 수호신은 바로 아테나요."

신들은 아테나의 손을 들어 주었습니다. 신들이 생각하기에도 말보다는 올리브가 인간에게 더 좋은 선물이 될 것 같았기 때문입니다.

"믿을 수 없어. 저깟 나무가 사람들에게 무슨 도움이 되겠어?"

포세이돈은 못마땅했지만 신들의 투표로 결정한 일은 뒤집을 수 없다는 것을 잘 알기에 순순히 받아들였습니다.

이로써 아테나는 그 마을을 다스리는 수호신이 되었습니다.

사람들은 아테나가 마을의 수호신이 되었다는 이야기를 듣고 매우 기뻤습니다.

"아테나 님이 우리 마을의 수호신이 되었대!"

"지혜롭고 정의로운 아테나 님이 우리 수호신이라면 더욱 살기 좋아질 거야."

마을 사람들이 기뻐하자 아테나도 몹시 흡족했습니다.

"모두 나를 이렇게 반겨 주니 참으로 기쁘군요. 내가 여러분을 위해 작은 선물을 준비했습니다. 아무쪼록 마음에 들었으면 좋겠군요."

아테나는 마을 곳곳에 올리브 씨앗을 뿌렸습니다.
"올리브야, 이 마을에 뿌리를 내려 사람들의 삶이 더 나아지게 해 다오!"
씨앗은 곧 사방으로 퍼져 마을 곳곳에서 자라났습니다. 이렇게 해서 올리브는 마을의 상징이 되었고, 다른 마을의 사람들도 이 마을을 부러워했습니다.

"아테나 님께서 주신 올리브 덕분에 저희는 건강하고 부유해졌습니다. 그 은혜에 조금이나마 보답하고자 이 마을의 이름을 아테나 님의 이름을 따 '아테나이'라고 부르고 싶습니다. 아테나 님의 뜻은 어떤지요?"

"아, 정말인가요? 저는 당연히 좋습니다. 저에게 이런 큰 선물을 주시니 기쁘기 그지없군요."

그렇게 해서 마을의 이름은 아테나이가 되었답니다. 아테나이 사람들은 아테나의 보살핌을 받아 안정되고 행복한 삶을 살 수 있었습니다.

그 덕분에 문화와 예술에서도 눈부신 발전을 이루었습니다. 아테나이는 오늘날 그리스의 수도 아테네의 옛 이름이랍니다.

프로메테우스가 흙으로 인간을 빚었을 때, 생명이 없던 인간에게 숨을 불어 넣어 준 이가 바로 아테나입니다.
　처음부터 아테나는 인간을 아끼고, 인간에게 도움을 주는 신이었지요.
　인간을 아끼고 사랑한 아테나는 늘 어떻게 하면 인간에게 도움을 줄 수 있을까 고민을 했습니다. 특히 아테나이의 수호신이 된 뒤로는 사람들이 더욱 편하고 행복하게 살도록 자신의 지혜와 능력을 발휘했습니다.

아테나는 손재주와 기술이 뛰어나 장식이 필요한 공예와 실용적인 기술의 신이기도 했습니다. 남자들에게는 농업이나 원예 같은 기술과 배를 만들고 바다 위를 다니는 항해하는 기술까지도 알려 주었습니다. 자연스럽게 아테나이 사람들은 더 먼 곳으로 배를 타고 나가 아테나의 지혜와 정의를 세상에 널리 알렸습니다.

"자, 여기 새로운 선물을 가져왔습니다. 한번 보시지요."

아테나는 사람들 앞에 처음 보는 물건을 내놓았습니다. 사람들의 눈이 모두 휘둥그레졌지요.

"아테나 님, 대체 이것이 무엇에 쓰는 물건인가요?"

"이것은 베틀이라고 합니다. 여러분이 옷감을 손으로 힘들게 짜는 것을 보고 더 빠르고 쉽게 옷감을 짤 수 있도록 제가 만든 것입니다."

아테나 주위에 몰려든 사람들은 그 물건을 어떻게 사용하는 것일까 궁금해했습니다. 아테나가 베틀 앞에 서서 직접 시범을 보이면서 말했습니다.

"자, 이렇게 하면 옷감이 만들어진답니다. 앞으로 이 베틀을 이용하면 더 많은 옷감을 손쉽게 만들 수 있을 거예요."

아테나는 베틀을 움직여 금세 아름다운 천을 만들어 냈습니다.

그러자 여기저기서 아테나를 칭송하는 말들이 터져 나왔습니다.

"역시 아테나 님은 대단해."

"아테나 님이 최고야!"

아테나는 헤라의 결혼 드레스를 손수 만들어 줄 만큼 옷감을 잘 짜고 바느질하는 솜씨가 좋았습니다. 그리고 그 기술을 인간 세상의 여자들에게도 알려 주었습니다. 실을 뽑는 방법에서부터 옷감을 짜고 바느질을 하는 것까지 일일이 정성껏 가르쳐 주었습니다.

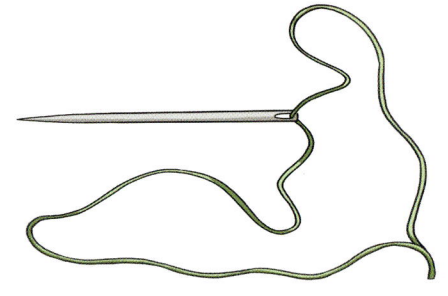

이뿐만 아니라 아테나는 사람들을 모아 요리를 가르치고 새로운 조리 기구들을 만들어 선물하기도 했습니다.

"아테나 님은 어떻게 못 하는 것이 하나도 없을까? 아테나 님의 손재주를 따를 자는 아무도 없을 거야!"

아테나이 사람들은 아테나가 알려 준 기술 덕분에 더욱 풍족하고 편안하게 살 수 있었습니다. 아테나는 거기서 그치지 않고 사람들의 생활에 도움이 될 만한 것들을 계속해서 만들었습니다.

아테나는 사람들에게 실용적인 기술만 가르친 것은 아니었습니다. 사람들이 정신적으로도 더욱 즐겁게 살 수 있도록 플루트와 트럼펫 같은 악기도 선물했습니다.

"아름다운 음악이 있다면 인생도 더욱 아름다워질 거예요."

"악기까지 만드시다니, 정말 못 하는 게 없는 분이야."

"음악 소리를 들으니 내 마음이 춤을 추는 것만 같아. 이 기쁜 마음을 글로 적어 둬야지."

아테나이는 사람들의 웃음소리와 아름다운 음악 소리가 끊이지 않는 마을이 되었습니다. 아테나이 사람들은 그들이 모시는 아테나 님처럼 누구보다 평화를 사랑하고, 지혜를 소중히 여기며 아름답게 살아갔습니다.

"아테나 님, 이 감사한 마음을 어떻게 보답해야 할지 모르겠습니다."

"보답이라니요. 저는 그저 여러분이 이렇게 행복해하는 모습을 보는 것 자체가 큰 기쁨이랍니다. 부디 여기 아테나이에서 오래도록 행복하고 즐겁게 살아 주세요."

"역시 우리 아테나 님이 최고야!"

아테나이 사람들은 지혜로우며 재주와 능력이 많은 아테나를 존경하고 사랑했습니다. 아테나이 사람들이 아테나를 다른 신보다 더욱 존경하고 사랑한 것은 아테나가 인간을 아끼고 사랑하는 신이었기 때문입니다.

아테나의 신전

파르테논 신전은 아테나를 모시는 신전이에요. '파르테논'이라는 말은 연애나 결혼하지 않은 '처녀 아테나'를 뜻하는 '아테나 파르테노즈'라는 말에서 유래했지요. 고대 아테나이 사람들이 마을의 수호신인 아테나를 위해 세운 건축물이랍니다. 이 신전은 세계문화유산 제1호로, 오늘날에도 그리스의 수도 아테네에서 가장 중요한 건축물로 손꼽혀요. 제우스 신전보다 정교하고 아름다워서 많은 사람이 찾는답니다. 파르테논 신전은 마치 아테나가 아테나이를 내려다보듯이 아크로폴리스 언덕 위에서 아테네 시가지를 내려다보고 있어요.

〈파르테논 신전〉

전쟁과 지혜의 신 아테나

아테나는 전쟁의 신으로서 전쟁에서 한 번도 진 적이 없는 막강한 신입니다. 더구나 아버지이자 신들의 왕인 제우스의 사랑과 신뢰를 한 몸에 받으며 크게 위세를 떨친 여신이었습니다. 하지만 엄청난 힘과 권력을 지닌 것은 포세이돈도 마찬가지였습니다. 아테나와 포세이돈이 한 마을을 두고 싸우자, 다른 신들이 제시한 방법은 다름 아닌 인간에게 '선물'을 하라는 것이었습니다.

아테나와 포세이돈이 각자 선물을 들고나왔을 때 신들은 두 사람의 이야기를 듣고 투표를 해서 다수결로 수호신을 정하기로 합니다. 그 결과 '올리브'를 선물한 아테나가 그 마을의 수호신이 됩니다.

올리브! 어찌 보면 작고 보잘것없는 선물처럼 보이기도 합니다. 하지만 올리브가 아테나이 사람들에게 가져다준 것은 바로 인간에게 가장 필요한 평화롭고 안정된 삶이었습니다. 아테나는 지혜의 신이라는 이름에 걸맞게 인간에게 필요한 것이 무엇인지 정확히 알고 있었던 것입니다.

이 이야기는 아테나가 아테나이를 얻는 과정과 올리브가 지닌 상징

적인 의미를 통해 국가 발전에 필요한 것이 무엇인지를 잘 보여 줍니다. 아테나는 비열한 계략이나 피를 흘리는 전쟁이 아닌 평화롭고 민주적인 방법으로 아테나이를 얻습니다. 또한 올리브는 평화와 화해를 상징하는 나무로, 영어에서는 화해를 청할 때 '올리브 가지를 꺼내다', '올리브 가지를 들다'라는 표현을 사용합니다. 올리브를 평화와 화해에 빗댄 것이지요.

오늘날 그리스의 수도 아테네(옛 이름 아테나이)는 민주주의를 꽃피운 요람으로 인정받고 있습니다. 민주주의가 지향하는 것은 바로 평화이지요. 아테나이 이야기는 국가에 필요한 것이 곧 평화이고, 평화를 기반으로 했을 때 정치나 문화, 예술이 발전할 수 있다는 것을 보여 줍니다.

2장
아테나에게 도전한 아라크네

리디아의 한 마을에 아라크네라는 소녀가 살았습니다. 아라크네는 어렸을 때 어머니를 여의고 가난한 아버지와 함께 지냈습니다. 아버지는 실이나 천 따위에 물을 들이는 일을 하는 염색공이었습니다. 다른 아이들이 인형을 가지고 놀 때 아라크네는 실과 천을 장난감처럼 가지고 놀면서 시간을 보냈습니다.

세월이 흘러 어느덧 아라크네도 아름다운 숙녀가 되었습니다. 아라크네는 밖으로 나가서 노는 것보다 온종일 베틀 앞에 앉아 천을 짜는 걸 좋아했습니다.

어느 날, 아버지는 아라크네가 천을 짜는 모습을 보고 깜짝 놀랐습니다. 아라크네가 짠 천이 지금껏 보아온 그 어떤 천보다 아름다웠기 때문입니다.

"아라크네야, 정녕 이것이 네가 짠 천이란 말이냐? 내가 여태까지 본 어느 천보다도 훨씬 아름답구나!"

　아라크네의 뛰어난 길쌈 솜씨는 곧 온 마을에 소문이 났습니다. 아라크네의 집 앞에는 아라크네가 천을 짜는 모습을 보려고 날마다 많은 사람이 몰려들었습니다.

　베틀 앞을 떠나지 않고 천을 짜는 아라크네를 보며 사람들은 모두 한마디씩 칭찬을 했습니다.

　"아라크네가 짠 천을 좀 봐. 내가 본 천 가운데 가장 아름다워."

　"저 천으로 옷을 해 입으면 정말 아름다울 거야. 나도 아라크네에게 천을 부탁해야겠어."

　"아라크네가 짠 옷을 입으려면 한참이나 기다려야 해. 이미 그녀에게 천을 부탁한 사람이 한둘이 아니더라고."

사람들은 모두 아라크네의 천 짜는 솜씨를 칭찬하며 부러워했습니다.

아라크네가 천을 잘 짠다는 소문은 사람들뿐만 아니라 님프들 사이에도 퍼졌습니다.

님프들도 여럿이 구경하러 와서는 자신들의 옷감을 짜 달라고 부탁했습니다.

"아라크네, 님프들도 너에게 옷감을 부탁하러 오다니, 정말 대단한데!"

하지만 친구들이 아무리 칭찬을 해도 아라크네는 고맙다는 인사 한 마디 없이 그저 열심히 천만 짰습니다.

"사람들이 뭐라고 하는 줄 알아? 네 솜씨가 아테나 님께 배운 것 같대. 정말 대단한 칭찬 아니니?"

이 말을 들은 아라크네가 갑자기 손을 멈추었습니다. 그러고는 친구 앞으로 다가가서 말했습니다.

"뭔가 잘못 알고 있는 것 아니야? 난 누구한테서도 가르침을 받은 적이 없어. 순전히 혼자 갈고 닦은 내 솜씨라고. 아무리 아테나 님이 실을 뽑고 천을 짜는 일을 책임지고 관리한다 해도 나보다 더 천을 아름답게 짤 수는 없을 거야."

아라크네의 말에 친구들은 깜짝 놀랐습니다.

"어머 아라크네, 그럼 네가 아테나 님보다 솜씨가 좋다는 거니? 정말로 네 솜씨가 더 뛰어난지 어떻게 알아?"

"님프들이 나에게 옷감을 부탁하러 오는 것을 봐. 님프들은 분명 아테나 님이 짠 옷감도 봤을 텐데 나한테 부탁하는 것을 보면 내 솜씨가 더 뛰어나다는 말 아니겠어?"

"아라크네, 아무리 그렇다 하더라도 그런 말을 하면 안 돼. 아테나 님은 우리에게 길쌈 기술을 가르쳐 주셨어. 네가 신보다 낫다니, 그런 교만한 마음을 가지면 큰 벌을 받을 거야."

"흥! 실력을 판단하는 데 신과 인간이 다 무슨 소용이야. 난 아테나 님과 한번 겨뤄 보고 싶어. 만약 내가 진다면 어떤 벌이라도 달게 받겠어. 하지만 내가 분명 이길 테니까 벌 받는 일은 절대 없을 거야!"

친구들은 아테나에게 겁도 없이 도전하는 아라크네를 보면서 두려운 생각이 들었습니다.

아라크네가 아테나와 겨루어 보고 싶다고 한 말은 금세 입에서 입으로 전해졌습니다. 결국 아테나의 귀에까지 들어가게 되었습니다.

"감히 나에게 도전하다니……. 이런 괘씸한!"

"아테나, 왜 그렇게 노여워하고 있느냐?"

제우스가 물었습니다.

"제게 도전하는 자가 있다 하여 어찌해야 할지 고민하고 있습니다."
"뭐라고! 감히 인간인 주제에 도전해? 그동안 신에게 도전한 자들이 어떤 벌을 받았는지 모르는가 보구나. 내가 당장 가서 혼을 내겠다."
"아닙니다. 저에게 맡겨 주세요."
아테나는 주먹을 꼭 쥐면서 말했습니다. 어떻게 하면 아라크네가 자신의 잘못을 깨우칠지 아테나는 고심했습니다.

　아테나는 천을 짜서 옷을 입는 방법을 일러 준 자신의 은혜도 모르고 한낱 보잘것없는 인간이 자기가 더 잘났다고 떠드는 꼴을 마냥 보고만 있을 수는 없었습니다.
　'도대체 인간이란 어찌 이리 무례하고 건방지단 말이냐. 내 저들을 불쌍히 여겨 생활에 필요한 온갖 기술을 전해 주었는데, 결국 이런 식으로 나를 배신하는 것이냐?'
　아테나는 화가 머리끝까지 났습니다.
　'내가 길쌈 기술을 가르쳐 주지 않았다면 아직도 동물의 가죽이나 두르고 다녔을 주제에 감히 나를 얕잡아 봤단 말이지? 그래, 어디 내 앞에서도 그렇게 잘난 체하며 건방지게 구는지 두고 보자.'

아테나는 초라한 노파의 모습으로 변장을 하고 마을로 들어섰습니다. 그리고는 아라크네의 집을 찾아 이리저리 돌아다녔습니다.

주름진 얼굴과 부스스한 머리카락, 연약한 몸과 굽은 등까지 아테나의 모습은 영락없는 불쌍한 노인이었습니다. 거기에 지팡이까지 짚고 느릿느릿 걸으니 누구도 이 노인이 아름답고 용맹스러운 아테나일 거라고 상상하지 못했습니다.

아테나가 이렇게 자신의 본 모습을 숨기고 아라크네를 찾아간 것은 그녀에게 인간은 신과는 같아질 수 없다는 것을 일깨워 주기 위해서였습니다.

또한 너그러운 성품의 아테나가 마지막으로 아라크네에게 자신의 죄를 뉘우칠 기회를 주려고 했던 것이었습니다.

"여보게 젊은이, 혹시 아라크네라는 아가씨가 천을 짜는 곳이 어디인 줄 아시오? 이 늙은이가 그 아가씨를 좀 만나려고 하는데 길을 잘 모르겠어."

"아, 할머니. 이 근방에서 아라크네를 모르는 사람은 아무도 없어요. 저를 따라오세요."

"친절한 젊은이구먼. 고마워요."

모두 노파로 변장한 아테나를 알아보지 못했습니다.

'아라크네, 이제 곧 내가 너의 오만함을 깨우쳐 주겠다. 잠시만 기다려라.'

아라크네의 집 앞은 여느 때와 마찬가지로 아라크네의 길쌈 솜씨를 보러 온 사람들로 붐볐습니다. 사람들은 지금 자기 옆에 누가 서 있는지는 꿈에도 모른 채 아라크네와 그녀의 손끝에서 만들어지는 천에만 눈길을 주었습니다.

아테나가 보기에도 아라크네가 만든 천은 나무랄 데 없이 아름다웠습니다. 하지만 자신감이 지나쳐 교만에 빠진 아라크네의 얼굴은 하나도 아름다워 보이지 않았습니다.

얼마 지나지 않아 아라크네는 짜고 있던 천을 완성했습니다. 그러고는 사람들에게 당당하게 말했습니다.

"이것 보세요. 제아무리 아테나 님의 솜씨가 좋다고 한들 정말로 나만큼 천을 잘 짤 수 있을까요? 저는 아테나 님에게 이리 와서 나와 한번 겨루어 보자고 당당하게 말할 수 있어요."

아라크네의 말에 아테나는 화가 치밀어 올랐습니다. 하지만 곧 마음을 가라앉히고 아라크네에게 천천히 다가갔습니다.

"젊은 아가씨, 천을 짜는 솜씨가 정말로 훌륭하군요. 그렇지만 이 늙은이가 충고를 한마디 해야겠어요. 나를 보잘것없는 늙은이라 생각할 수도 있겠지만 오랫동안 살면서 세상 온갖 것들을 다 겪은 몸이랍니다. 그러니 내 말을 잘 들어요. '벼는 익을수록 고개를 숙인다'는 말이 있어요. 훌륭한 재주를 가진 사람일수록 겸손해야 한다는 뜻이지요. 자신을 낮추는 일이야말로 진정으로 자신을 빛나게 하는 법이랍니다."

이 말을 들은 아라크네는 노인 앞으로 다가갔습니다.

"할머니, 충고는 고맙지만 그런 이야기라면 할머니 손녀한테나 하세요. 내가 짜고 있는 천을 잘 보세요. 제아무리 아테나 님이라도 이렇게 아름다운 천을 만들어 낼 수 없을 테니 말이에요."

아테나는 늙은이에게조차 눈을 치켜뜨고 건방지게 대꾸하는 아라크네에게 화가 났지만, 한 번 더 기회를 주자는 생각으로 화를 꾹꾹 참으며 말을 이었습니다.

"아무리 재주가 뛰어나다고 한들, 겸손함을 갖추지 못하면 화를 부를 뿐이에요. 더욱이 신은 인간이 겨룰 수 있는 존재가 아니지요. 신과 겨룬 인간이 어떻게 되었는지는 아가씨도 잘 알지 않나요? 내가 하는 말은 다 아가씨를 위해서 하는 말이에요. 지금이라도 아테나 님께 진심으로 용서를 구하세요."

신에게 도전한 거인 형제, 오토스와 에피알테스

포세이돈과 이피메데이아 사이에서 태어난 쌍둥이 형제 오토스와 에피알테스는 힘이 엄청나게 센 거인이었어요. 형제는 자신들의 힘만 믿고는 둘이서 세상을 지배하기로 마음먹지요. 올림포스산을 점령하고 신들을 몰아낸 다음, 각각 아르테미스와 헤라를 아내로 삼겠다고 스틱스강에 맹세해요. 그들은 엄청난 힘을 써서 신들을 하나하나 물리칩니다. 하지만 결국 아폴론과 아르테미스에 의해 서로를 죽이는 운명을 맞게 돼요. 이 이야기 또한 신은 인간이 감히 겨룰 수 없는 대상이라는 것을 알려 주고 있어요.

하지만 아라크네는 도무지 노파의 말을 귀담아듣지 않았습니다. 오히려 거만한 표정으로 턱을 치켜들고 노파에게 큰소리를 쳤습니다.

"할머니, 도대체 내가 무엇 때문에 용서를 구해야 한다는 말이죠? 내가 틀린 말을 하는 것도 아니잖아요. 인간이라는 이유만으로 내 실력이 낮게 평가되는 것이 더 잘못된 일이지요. 정말 아테나 님이 이 자리에 있다면 진정한 실력자가 누구인지 가려보고 싶어요. 내가 그토록 말하고 다녔는데도 지금껏 나타나지 않은 것을 보면 혹시 아테나 님도 나와 실력을 겨루는 것을 두려워하는 건 아닐까요? 신이 인간보다 재주가 좋지 못하다면 웃음거리가 되고 말 테니까요."

아라크네는 거침없이 아테나를 모욕하는 말을 늘어놓았습니다.

자신을 이렇게까지 모욕하는 말을 듣고 아테나는 더 참을 수가 없었습니다.

'두 번이나 기회를 줬건만 반성의 기미가 눈곱만큼도 보이지 않는군.'

아테나는 허름한 옷과 지팡이를 집어 던지며 소리쳤습니다.

"흥, 그래! 네가 그렇게 나와 겨루는 게 소원이란 말이지? 나, 아테나가 바로 여기 있다."

아테나는 화려한 빛을 내며 위엄 있는 신의 모습을 사람들 앞에 드러냈습니다. 곁에서 구경하고 있던 사람들은 깜짝 놀라 모두 아테나 앞에 몸을 숙였습니다. 잘못한 것이 없는 사람들조차 아테나를 보고는 벌벌 떨었습니다. 하지만 정작 아라크네는 그다지 놀라지 않은 듯했습니다.

　물론 갑작스럽게 아테나가 나타나는 바람에 당황하긴 했지만 여전히 고개를 빳빳이 들고 아테나를 쳐다보았습니다.

　"내가 왔는데도 고개조차 숙이지 않는 너는 정말로 겁이 없고 건방지구나. 아라크네, 지금이라도 늦지 않았으니 어서 나에게 용서를 빌어라."

　"싫어요."

　아라크네는 비록 떨리는 목소리였지만, 분명하게 거절의 뜻을 밝혔습니다.

아테나는 매서운 눈길로 아라크네를 노려보며 말했습니다.

"이런 오만한 인간을 보았나! 정말로 네가 나를 이길 수 있다고 생각하느냐?"

"물론이죠. 나는 내 실력을 믿어요. 만약 내가 진다면 그때 어떤 벌이라도 받겠어요."

"좋아, 네가 원하는 대로 해 주지. 그렇지만 그 뒤에 일어날 일에 대해서는 더 이상 아무 말도 해서는 안 된다. 언제까지 네가 그런 거만한 얼굴을 할 수 있을지 한번 겨루어 보자."

아테나와 아라크네의 길쌈 대결 소식이 온 마을에 퍼졌습니다.

아테나와 아라크네의 길쌈 대결을 보기 위해 마을 사람들과 님프들이 발 디딜 틈 없이 몰려들었습니다.

긴장감이 감도는 가운데, 아테나와 아라크네 앞에 나란히 베틀이 놓였습니다. 드디어 아테나와 아라크네의 시합이 시작되려는 순간이었습니다.

아테나는 아라크네를 흘깃 보고는 베틀로 눈을 돌려 천을 짜기 시작했습니다. 아라크네도 베틀에 앉아 정신을 가다듬고 베를 짤 때 쓰는 기구인 북을 들어 올렸습니다.

그렇게 신과 인간의 시합이 시작되었습니다. 구경하는 사람들과 님프들은 침을 꿀꺽 삼키며 그녀들의 손놀림에 집중했습니다.

아테나와 아라크네의 시합

베틀을 마주하고 앉아 시합을 벌이는 아테나와 아라크네의 모습이에요. 투구를 쓴 전쟁의 신 아테나는 천을 짜는 아라크네를 여유로운 표정으로 바라보고 있어요. 뒤에는 님프들이 이 시합을 흥미진진하게 지켜보고 있어요. 아라크네의 베틀에 붙어 있는 거미는 아라크네에게 닥칠 운명을 예고하고 있어요. 긴박감이 감돌기보다는 평화로운 느낌이 드는 그림이에요.

〈아테나와 아라크네〉 틴토레토

아테나와 아라크네의 손놀림은 눈에 보이지 않을 만큼 매우 빨랐습니다.

"내 눈을 믿을 수가 없어. 정말 저것이 옷감을 짜는 속도란 말인가. 마치 번개가 치는 것 같아."

"맞아. 그러면서도 얼마나 아름답게 짜는지 보라고. 붓으로 그림을 그리고 있는 것 같아."

"황홀할 정도로 아름다운 솜씨야."

구경하는 사람들은 아테나와 아라크네의 솜씨에 입을 다물지 못했습니다. 실을 바꾸는 순간이 언제인지 모를 만큼 빠르고 능숙한 손놀림이었습니다.

"자연의 색을 모두 가져온다 해도 저 옷감보다 아름답지 않을 거야."

아테나와 아라크네의 현란한 솜씨에 사람들과 님프들은 모두 넋을 잃었습니다.

드디어 천을 다 짜고, 아테나와 아라크네가 각자 자신이 짠 천을 동시에 펼쳐 보였습니다.

아테나의 천에는 올림포스의 신들이 위엄을 드러내며 나타나 있었습니다. 가운데에는 신들의 왕인 제우스가 번개를 던지듯 앞을 바라보았습니다. 천에 새겨진 그림일 뿐이지만 강렬하고 무시무시한 제우스의 눈빛을 본 사람들은 벌벌 떨며 제우스를 똑바로 바라보지 못했습니다.

그 아래에는 바다의 왕 포세이돈의 모습이 수놓여 있었습니다. 성난 파도 위에 버티고 선 포세이돈은 당장이라도 오만한 인간들을 파도 아래로 가라앉힐 것만 같았습니다.

또 다른 한쪽에는 창과 방패를 들고 있는 아테나 자신의 모습이 있었습니다. 피를 흘리는 잔인한 전쟁이 아닌 정의로운 전쟁을 돕는 아테나였지만, 창과 방패를 든 모습은 어떤 적이든 물리칠 것 같은 강인함으로 빛났습니다.

아테나가 신들의 모습을 천에 담은 까닭은 신은 감히 인간이 도전할 수 없는 존재라는 것을 알려 주려는 것이었습니다.

이번엔 아라크네가 자신의 천을 내보였습니다. 형형색색의 실로 아름답게 짜인 천에는 올림포스 신들의 멋진 모습이 담겨 있었습니다.

올림포스 신들의 매력을 충분히 느낄 수 있는 작품이었습니다.

"이 이상으로 올림포스 신들을 표현할 수는 없을 거야."

"아폴론 님의 화살이 날아올 듯해."

사람들은 올림포스 신들의 위대한 모습을 고스란히 표현한 아라크네가 짠 천을 보고 모두 감탄했습니다.

"역시 아라크네의 솜씨는 최고야. 아테나 님에게도 뒤지지 않는 것 같은데!"

"도대체 누가 더 나은지 알 수가 없어!"

사람들은 아테나와 아라크네가 짠 천을 보고 감탄하며 누구의 손을 들어 줘야 할지 이러지도 저러지도 못했습니다.

아라크네는 자신이 짠 천을 펼쳐 놓고, 자신감에 찬 표정으로 아테나를 바라보았습니다.

그런데 사실 아라크네가 짠 천 뒤편에는 님프들에게 둘러싸여 술을 마시는 제우스의 그림이 수놓아져 있었습니다.

바람둥이 신 제우스

제우스는 신들 가운데 최고의 신이지만 유난히 여자를 좋아했어요. 그래서 여신뿐 아니라 님프와 인간들도 숱하게 유혹했지요. 하지만 공식적인 부인 헤라가 있었기 때문에 드러내 놓고 여자들을 만날 수는 없었어요. 제우스는 자신의 몸을 백조나 황소, 또 어떤 때는 황금 비 등으로 바꾸어 여자들에게 다가갔어요. 이 그림에 등장하는 레다는 스파르타의 왕 틴다레오스의 아내로 에우로타스강에서 목욕을 하다가 제우스의 눈에 띄어 그와 사랑을 나누게 되어요. 그림 속의 백조가 바로 제우스랍니다.

〈레다와 백조〉 레오나르도 다빈치

제우스뿐만이 아니었습니다. 아라크네가 짠 천에는 올림포스 신들이 못된 짓을 하는 모습이 잔뜩 수놓아져 있었습니다. 아라크네는 신들의 한심함을 천에 수놓으며 마음껏 비웃고 있었던 것입니다. 또한 사람들에게 신들은 결코 근엄하고 존경스러운 존재가 아니며, 자신의

욕심을 채우고자 인간에게도 온갖 나쁜 짓을 서슴지 않는 이기적인 존재라는 것을 알리고 싶었습니다.

아테나는 천 뒤편에 신들의 왕인 제우스를 깔보면서 놀리고 신 전체를 비웃는 그림을 수놓은 것을 알아차리고는 화를 냈습니다.

"네가 감히 제우스 신을 빗대어 신들을 조롱해? 이런 괘씸한 인간 같으니!"

아테나는 아라크네의 천을 찢어 버렸습니다. 그 순간 천둥 번개가 심하게 쳤고, 놀란 사람들은 앞다투어 도망을 갔습니다.

"나는 너에게 반성할 기회를 주었다. 그렇지만 너의 교만이 마지막 기회마저 앗아가 버렸구나. 더는 용서할 수 없다. 이제 네가 저지른 잘못이 무엇인지 알게 해 주마."

아라크네

원전에서는 아라크네가 짠 천에 새하얀 백조가 우아하게 날개를 펴고 있고, 독수리가 날카로운 발톱을 드러내고 있어요. 또 콧김을 씩씩거리는 황소가 천 밖으로 뛰어나올 것처럼 수놓아져 있지요. 이 동물들은 단순히 보기 좋으라고 짜 넣은 것이 아니라, 제우스가 나약한 인간을 속이고 자신의 욕심을 채우려고 변신한 동물들이었어요. 아라크네는 자신의 천에 신들의 이기심을 표현하고 싶었던 거예요.

아테나는 신비한 기운이 흘러나오는 손을 아라크네의 이마에 갖다 댔습니다. 그러자 아라크네의 눈앞에 그동안 잘난 체하며 주위 사람들에게 건방지게 굴었던 자신의 모습이 펼쳐졌습니다.

'아니 내가 정말 저렇게 인심이 사나운 추한 모습으로 천을 짰단 말인가? 어째서 나는 좀 더 겸손하게 행동하지 못했을까!'

아라크네는 주저앉아서 눈물을 흘렸습니다.

아라크네에게 벌을 주는 아테나

이 그림은 아테나가 베를 짜는 북으로 아라크네를 내려치려는 순간을 그린 것이에요. 아테나는 냉정한 표정으로 아라크네를 바라보고 있고 주위 사람들은 모두 공포에 질린 얼굴을 하고 있어요. 아라크네 역시 잔뜩 겁을 먹은 듯 커다랗게 눈을 뜨고 아테나를 올려다보고 있어요. 아라크네의 얼굴에는 벌을 받는 순간의 긴장감과 공포가 잘 표현되어 있어요.

〈아테나의 분노〉 페테르 파울 루벤스

자신의 솜씨만 믿고 조심성 없이 굴었던 과거의 모습은 아라크네를 견딜 수 없을 만큼 괴롭게 했습니다. 결국 아라크네는 자신의 잘못을 깨닫고 괴로워하다가 죽고 말았습니다.

아테나는 그런 아라크네가 조금 가엾게 느껴졌습니다. 잠시 후 아테나는 바닥에 쓰러져 있는 아라크네에게 다가가 말했습니다.

"어리석은 인간이여, 더 이상 자만하지 말고 네가 그토록 좋아하는 일만 하여라."

아테나는 아라크네의 몸에 약초즙을 뿌렸습니다. 그러자 아라크네의 머리와 몸이 작아지더니 열 개의 아름다운 손가락이 여덟 개의 시커먼 다리로 변했습니다. 아라크네는 거미로 다시 태어났습니다.

거미가 된 아라크네는 가느다란 여덟 개의 다리를 움직여 어두운 나뭇가지 뒤로 몸을 숨겼습니다. 그러더니 곧 온몸으로 가늘고 아름다운 실을 만들어 거미줄을 치기 시작했습니다. 다시는 자신의 실력을 뽐낼 수 없고 사람들의 칭찬을 받을 수도 없는 곳에서 아라크네는 조용히 실만 뽑아냈습니다.

영원토록 실을 뽑는 아라크네

그리스에서 '아라크네'라는 말은 '거미'라는 뜻으로 쓰여요. 아라크네는 아테나의 분노를 사 거미가 되고 말지요. 아테나는 아라크네뿐 아니라 아라크네의 자손들도 거미가 되어 영원토록 실을 뽑도록 했어요. 신에게 대항한 죄를 평생 뉘우치게 했지요. 가느다랗고 긴 다리, 털이 숭숭 난 몸통을 가진 거미는 보기에 썩 좋지는 않지만 거미가 실을 뽑아 만든 거미줄을 자세히 들여다보면 무척 정교하고 아름다워요. 마치 아라크네가 짠 훌륭한 천처럼 말이지요.

아테나에게 도전하는 아라크네

아라크네의 이야기를 읽다 보면 신들은 자신에게 도전하는 인간들을 아주 싫어한다는 것을 알 수 있습니다. 신들은 자신이 가진 고유한 영역을 감히 인간들이 넘볼 수 없도록 했습니다. 만약 인간들이 신의 영역을 침범하려 하면 가혹한 벌도 서슴지 않고 내렸습니다.

신들은 인간과 비슷한 외모를 가지고 똑같이 사랑하고 질투하고 싸우며 살아갑니다. 따라서 신의 세계와 인간의 세계가 크게 다르지 않습니다. 그러면서도 왜 신들은 자신들이 특별한 존재라 믿고 그 위엄을 지키려고 했을까요?

그리스 로마 신화가 만들어지고 널리 퍼졌던 시대에는 엄격한 '사회 계급'이 있었습니다. 부와 권력을 지닌 지배 계급은 그렇지 않은 피지배 계급이 자신의 권위를 넘보는 것을 경계했습니다. 지배 계급은 자신들을 일종의 '신'이라 생각하며 우월감을 만끽했습니다. 자신들이 부와 권력을 쥔 것은 신의 은총이며 그러므로 자신들은 특별하다고 생각했지요. 만약 피지배 계급이 이것에 반대하고 도전하려 들면 엄격한 처벌을 내렸습니다.

아라크네가 아테나에게 도전한 것도 신과 지배 계급의 입장에서 보면 해서는 안 될 행동이었습니다. 하지만 조금만 달리 생각하면 여신과 대결을 펼친 아라크네의 행동은 계급을 뛰어넘은 용기와 도전 정신으로도 볼 수 있습니다. 아라크네는 아테나와의 시합에서도 절대 지지 않았습니다. 아테나가 아라크네의 천을 찢은 행동은 겉으로는 신의 위엄에 도전한 아라크네에 대한 분노 때문이지만, 속으로는 자신에게 뒤지지 않는 아라크네의 실력에 질투를 느꼈기 때문이기도 할 것입니다.

비록 겸손하지 못하고 자만했지만 자신의 재능에 자신감을 가지고 더 큰 세상으로 나아가려 한 아라크네의 도전 정신은 높이 평가받아야 할 것입니다.

3장
프시케를 사랑한 에로스

옛날 어느 나라에 어여쁜 세 공주가 있었습니다. 공주들은 누구나 한 번 보면 넋을 잃을 만큼 아름다워 먼 이웃 나라에까지 소문이 자자했습니다. 그중에서도 막내 공주인 프시케가 가장 아름다웠습니다. 맑은 눈, 귀여운 입술, 부드럽게 물결치는 머리카락, 게다가 마음씨까지 고왔답니다.

"프시케 공주님은 정말 아름다워."

"맞아. 그냥 쳐다보고만 있어도 숨이 탁 막힐 것 같아."

그 나라 백성들뿐만 아니라 소문을 듣고 찾아온 이웃 나라 사람들까지 프시케의 아름다움을 침이 마르도록 칭찬했습니다.

사람들은 프시케의 얼굴을 보려고 날마다 성문 앞에 모여들곤 했습니다.

"공주님! 오늘은 유난히 더 아름다우세요."

"고마워요, 여러분."

프시케는 항상 웃는 얼굴로 사람들에게 인사했습니다.

어느 날, 두 언니가 프시케를 불렀습니다.

"프시케, 사람들이 오늘도 성문 앞에 구름 떼처럼 몰려왔구나. 어서 나가서 손이라도 흔들어 주렴. 너를 보려고 다른 나라 사람들까지 먼 길을 달려왔다고 하더라."

"예, 언니들. 그럼, 잠시 나가서 인사하고 올게요."

살포시 미소 짓는 프시케의 장밋빛 뺨이 더 발그레해졌습니다.

프시케가 자리를 뜨자 언니들은 부러운 눈길로 프시케의 뒷모습을 바라보며 말했습니다.

"도대체 우리가 프시케보다 못한 게 뭐람?"

"맞아. 우리도 미모만큼은 프시케한테 전혀 뒤지지 않는데, 모두 프시케만 찾으니 속상해."

언니들은 프시케의 아름다움을 칭송하는 사람들이 못마땅해서 한참을 투덜거렸습니다.

성문 밖은 프시케의 얼굴을 보려고 모여든 사람들로 북적거렸습니다. 프시케 공주는 성문 밖으로 천천히 걸어 나갔습니다.

"우아! 프시케 공주님이 나오셨다!"

"어쩜 저렇게 눈부시도록 아름다울까?"

수많은 사람이 아름다운 프시케를 향해 손을 흔들었습니다.

프시케의 아름다움을 찬양하는 뜻으로 향기로운 꽃잎을 흩뿌리는 사람도 있었습니다. 활짝 웃으며 사람들에게 손을 흔드는 프시케의 얼굴이 햇살에 반짝거렸습니다. 프시케를 바라보는 사람들은 모두 가슴이 콩닥콩닥 뛰어서 어쩔 줄 몰랐습니다.

"말로만 듣던 프시케 공주님을 직접 눈으로 보다니! 이게 꿈은 아니겠지?"

"역시 소문대로 빼어난 미모를 지닌 분이야! 마치 살아 있는 여신 같다니까."

"아프로디테 님보다 우리 프시케 공주님이 더 아름다울 거야. 아무리 여신이라도 프시케 공주님의 미모는 따라올 수 없지, 암."

이처럼 프시케는 모든 사람에게 사랑받았고, 아름다움을 상징하는 존재가 되었습니다. 사람들은 프시케의 이름만 나와도 입가에 미소를 지었습니다. 또 프시케를 위해 노래를 지어 부르고, 프시케가 지나가는 길마다 꽃잎을 뿌리며 환영했습니다. 지금껏 아프로디테에게 바치던 존경과 찬사를 프시케에게 바친 것입니다.

프시케에 대한 소문은 미의 여신 아프로디테의 귀에까지 들어갔습니다. 아프로디테는 사람들과 올림포스 신들이 프시케의 아름다움을

찬양하는 것을 도저히 참을 수가 없었습니다.

"하찮은 인간 따위가 감히 나보다도 아름답다고? 아름다움의 여신은 바로 나라고! 어리석은 것들 같으니!"

아프로디테의 분노는 쉽게 가라앉지 않았습니다. 비단결 같은 머리카락이 곤두설 정도로 잔뜩 화가 난 아프로디테는 벌게진 얼굴로 소리쳤습니다.

"나의 아름다움은 제우스 님도 인정했어! 트로이의 파리스도 내가 모든 여신들 가운데 가장 아름답다고 했지. 헤라와 아테나도 내 아름다움 앞에 무릎을 꿇었건만, 저 몹쓸 계집아이가 나에게 도전장을 내밀어? 흥, 하찮은 인간 주제에 어디 두고 보자."

아프로디테는 프시케에게 벌을 내리고 자신의 명예를 되찾겠다고 마음먹었습니다.

"프시케! 각오해라. 너의 분에 넘치는 아름다움 때문에 언젠가 큰 고통을 겪게 될 것이다."

사랑과 미의 여신 아프로디테

아프로디테는 제우스와 바다의 요정 디오네 사이에서 태어난 딸이라고도 하고, 바다의 거품에서 태어났다고 전해지기도 해요. 이 그림은 바다의 거품에서 태어난 아프로디테가 조개를 타고 파도에 떠밀려 키프로스섬으로 올라온 모습을 그린 것이에요. 왼쪽에는 산들바람인 아우라에게 감싸인 서풍 제피로스가 있고, 오른쪽에는 봄과 꽃의 여신 플로라가 옷을 들고 아프로디테를 맞이하고 있어요.

〈아프로디테의 탄생〉 산드로 보티첼리

아프로디테는 서둘러 아들 에로스를 불렀습니다. 날개가 달린 에로스는 사랑의 신으로, 어린아이의 모습을 한 장난꾸러기였습니다.

"어머니, 저예요. 에로스가 왔어요."

"오, 사랑스러운 내 아들, 어서 오너라."

"어머니, 그런데 어머니의 신전이 왜 이렇게 썰렁해요?"

에로스의 말에 아프로디테는 더욱 속이 상했습니다. 아프로디테는 긴 한숨을 내쉬며 말했습니다.

"아들아, 이제 아무도 나의 신전을 찾지 않는단다."

"네? 어머니의 신전을 찾지 않는다고요? 어머니의 아름다움을 찬양하며 신전 문턱이 닳도록 찾던 사람들이 다 어디로 갔는데요?"

"이게 모두 프시케라는 건방진 계집아이 때문이야!"

아프로디테는 울컥 화가 치밀어 에로스에게 하소연을 늘어놓기 시작했습니다.

"아들아, 네가 이 어미의 복수를 해 다오. 하찮은 인간의 아름다움에 내가 밀려나는 것이 말이나 되니? 분수에 넘치는 아름다움 때문에 사람들에게서 칭송을 받는 저 프시케를 당장 혼내 주고 싶구나."

늘 장난이 치고 싶어 근질근질하던 에로스는 아프로디테의 말에 귀가 솔깃해졌습니다.

"프시케를 혼내 주고 싶으세요?"

"그래, 나를 이렇게 고통스럽게 했으니 벌을 받는 것은 당연한 일이지. 저 계집아이에게 사랑의 화살을 쏘아 이 세상에서 가장 끔찍하게 생긴 괴물과 사랑에 빠지게 해 다오."

에로스는 어머니의 명령대로 당장 활과 화살을 준비했습니다. 재미있는 장난을 칠 수 있겠다는 생각에 잔뜩 신이 났지요.

에로스는 활과 화살을 어깨에 둘러메고 프시케가 사는 성으로 서둘러 날아갔습니다.

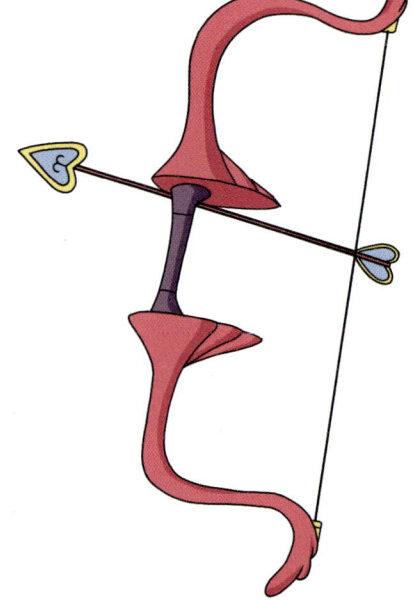

아프로디테와 그녀의 아들 에로스

아프로디테와 에로스는 다정한 모습으로 그림에 자주 등장해요. 이 그림은 벌집을 훔치려다 벌에 쏘인 에로스가 아프로디테에게 불평하는 모습을 그린 것이에요. 에로스는 종종 신이나 사람들의 마음에 장난을 쳤는데, 그것은 에로스가 쏜 화살에서 비롯된 일이었지요. 남에게 화살을 쏘아 상처를 입히는 에로스가 자신도 화살과 비슷한 벌침을 맞고 투덜거리는 모습이 무척 재미있게 느껴지는 그림이에요.

〈아프로디테에게 불평하는 에로스〉 루카스 크라나흐

에로스는 프시케의 방 창가로 날아가 살며시 들어갔습니다.

프시케는 깊은 잠에 빠져 있었지요.

에로스는 얼른 화살을 꺼내 프시케를 향해 활을 겨누었습니다. 그런데 에로스가 막 활시위를 당기려는 순간, 프시케가 몸을 움직였습니다.

에로스는 재빨리 활을 뒤로 숨기고 숨을 죽였습니다. 프시케가 몸을 뒤척이며 얼굴을 돌리자, 때마침 달빛이 프시케의 모습을 밝게 비추었습니다.

"아, 이럴 수가. 이렇게 아름다운 인간이 있다니!"

에로스는 달빛에 드러난 프시케의 얼굴을 보고 탄성을 질렀습니다. 잠시 넋이 나간 에로스는 손에 들고 있던 화살촉에 그만 자신의 손등을 찔리고 말았습니다.

"아얏!"

에로스는 저도 모르게 비명을 지르고 나서 깜짝 놀라 프시케를 바라보았습니다. 다행히 프시케는 깨지 않고 그대로 잠들어 있었습니다.

'휴, 다행이다.'

그러나 문제는 그게 아니었습니다. 실수로 사랑의 화살에 찔린 에로스가 프시케를 보고 만 것입니다. 에로스는 프시케를 향해 사랑의 감정을 느꼈습니다.

"어떻게 내게 이런 일이……."

프시케를 골탕 먹이려고 했던 계획이 크게 빗나간 것이지요.

에로스는 난생처음으로 누군가를 사랑하게 되었습니다. 이러한 마음의 변화는 에로스의 몸도 바꾸어 놓았습니다. 에로스는 점점 자라기 시작하더니 순식간에 아름다운 청년으로 변했습니다. 사랑에 빠진 에로스는 이제 어린아이가 아니었습니다.

에로스의 여러 모습

에로스는 보통 어린아이의 모습으로 그려져요. 그런데 사실 처음부터 그런 것은 아니었답니다. 아주 오래전에는 가이아(대지)와 함께 무척 강하고 두려운 존재로 그려졌어요. 그러다가 점차 아프로디테와 아레스 사이에서 태어난 아이로 여겨지면서 여러 그림과 문학 작품 속에서 아름다운 청년으로 묘사되었지요. 그러다가 더 나중에는 장난꾸러기 어린아이로 표현되었답니다. 그 뒤로는 어깨에 날개가 달리고 항상 활과 화살을 들고 다니는 모습으로 굳어지게 되었어요.

한편 프시케의 두 언니는 이웃 나라 왕자들과 결혼을 앞두고 있었습니다. 프시케는 사랑하는 사람을 만나 결혼하게 된 언니들이 부러웠습니다.

"언니들, 결혼을 진심으로 축하해요!"

"그래, 고맙다. 그런데 넌 언제 결혼할 거니? 아직도 너에게 청혼하는 남자가 없다면서?"

"예……."

프시케는 애써 미소를 지으며 힘없이 대답했습니다.

프시케의 미모를 찬양하는 사람들은 많았지만, 정작 용기 있게 나서서 프시케에게 청혼하는 사람은 한 사람도 없었던 것입니다. 그 많은 왕족과 귀족, 하다못해 평민 중에도 감히 프시케를 아내로 맞이하겠다고 생각하는 사람은 단 한 명도 없는 듯했습니다.

'나는 언제쯤 결혼하게 될까? 나도 언니들처럼 멋진 사람을 만나 결혼하고 싶은데…….'

결혼 준비를 하느라 바쁜 언니들을 부러운 눈길로 바라보던 프시케는 시간이 흐를수록 점점 외로워졌습니다. 언니들이 결혼해서 궁을 떠나자 외로움은 더욱 심해졌습니다. 이제는 사람들이 자신의 아름다움을 아무리 칭찬해도 하나도 기쁘지 않았습니다. 그저 자신을 진심으로 사랑해 줄 사람을 만나고 싶을 뿐이었습니다.

프시케의 부모인 왕과 왕비는 마음이 편치 않았습니다.

"여보, 아무도 프시케에게 청혼하지 않으니, 이 일을 어쩌면 좋죠?"

"그러게 말이오. 프시케의 아름다움을 그렇게 칭찬하면서도 정작 결혼하자고 하는 사람은 없으니, 원."

"혹시 우리 프시케가 신의 노여움을 산 건 아닐까요?"

왕비가 걱정스러운 눈빛으로 조심스럽게 말을 꺼냈습니다. 그러자 왕이 심각한 얼굴로 대답했습니다.

"음, 그러게 말이오. 아무래도 신탁을 들어 보는 게 좋겠소."

왕과 왕비는 신탁을 듣기 위해 델포이의 신전을 찾아갔습니다.

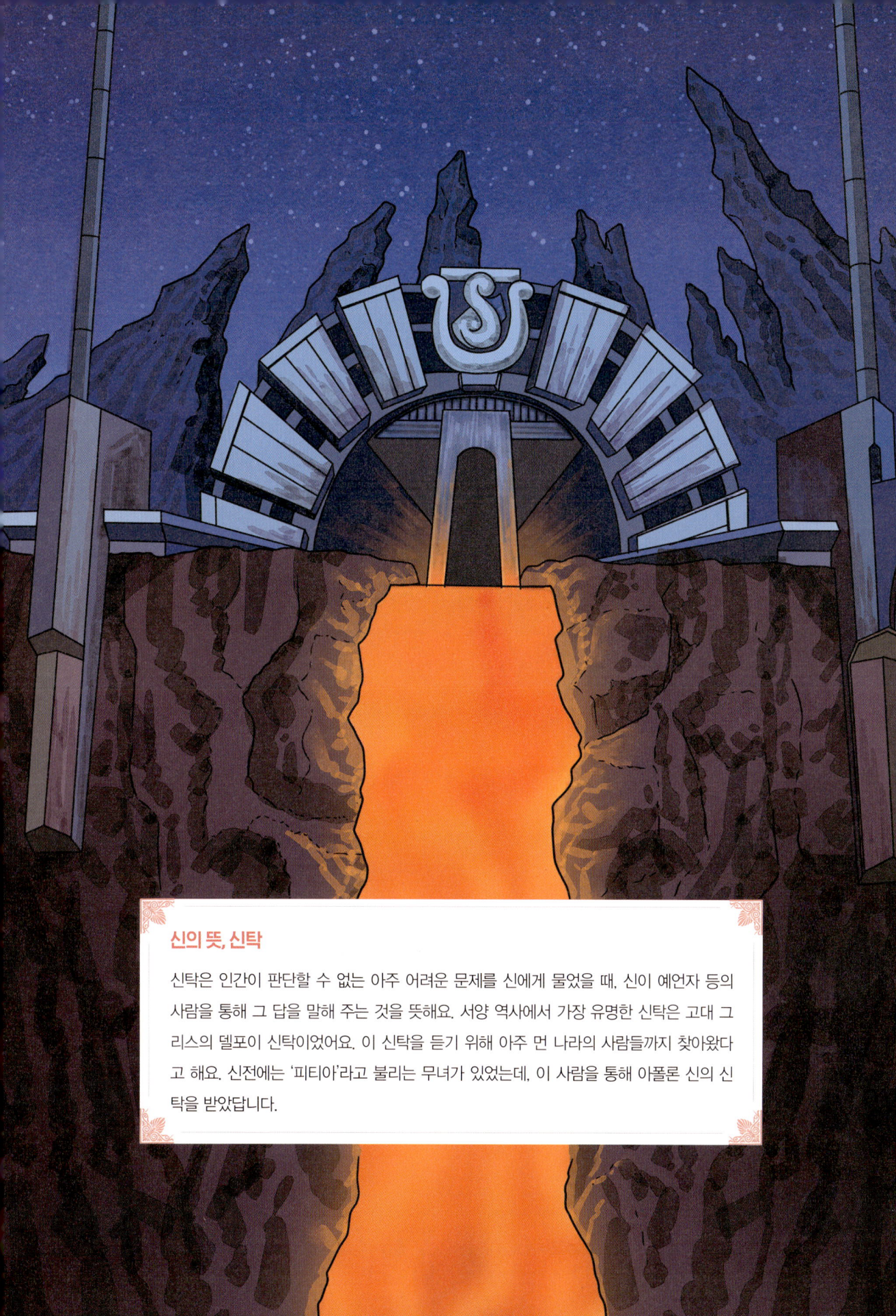

신의 뜻, 신탁

신탁은 인간이 판단할 수 없는 아주 어려운 문제를 신에게 물었을 때, 신이 예언자 등의 사람을 통해 그 답을 말해 주는 것을 뜻해요. 서양 역사에서 가장 유명한 신탁은 고대 그리스의 델포이 신탁이었어요. 이 신탁을 듣기 위해 아주 먼 나라의 사람들까지 찾아왔다고 해요. 신전에는 '피티아'라고 불리는 무녀가 있었는데, 이 사람을 통해 아폴론 신의 신탁을 받았답니다.

왕과 왕비가 신전에 도착하자, 예언가가 물었습니다.

"너희는 무슨 일로 이곳을 찾아왔느냐?"

"저희에게는 눈에 넣어도 아프지 않은 예쁜 세 딸이 있습니다. 첫째와 둘째는 모두 결혼하여 행복하게 살고 있지만, 사랑스러운 막내 딸 프시케는 아직 청혼조차 받지 못했습니다. 그 이유가 무엇인지 듣고 싶습니다."

예언가는 신탁을 받기 위해 잠시 자리를 비웠습니다. 그리고 얼마 뒤 돌아와서 아폴론에게서 받은 신탁을 들려주었습니다.

"프시케는 인간과 결혼할 운명이 아니다. 그대들의 딸 프시케를 홀로 떨어진 높은 바위산 꼭대기에 두어라. 그러면 남편이 나타나 프시케를 데려갈 것이다. 프시케의 남편으로 정해진 이는 인간이 아닌 힘센 괴물이다. 프시케는 그 괴물을 영원토록 사랑하며 살게 될 것이다. 이것이 아폴론 님의 뜻이니라."

프시케가 괴물의 아내가 되어야 한다는 말에 왕과 왕비는 커다란 슬픔에 잠겼습니다. 할 수만 있다면 그 신탁을 거스르고 싶었지요. 하지만 이 신탁은 프시케를 사랑하게 된 에로스가 아폴론에게 부탁한 것이었습니다.

프시케는 신탁을 듣고 걱정에 잠긴 부모님을 위로했습니다.

"아버지, 어머니, 너무 슬퍼하지 마세요. 지금까지 제가 분에 넘치는 명예를 누렸기에 아프로디테 님의 벌을 받은 것인지도 몰라요. 저는 제 운명을 슬퍼하지 않고 순순히 따를 거예요. 그러니 저를 바위산 꼭대기로 데려다주세요."

왕과 왕비는 프시케의 말에 깜짝 놀랐습니다. 하지만 프시케가 자신의 운명을 받아들이겠다고 하니 어쩔 수 없었습니다. 왕과 왕비는 조용히 프시케 공주의 결혼식을 준비했습니다.

프시케를 데리고 가는 긴 행렬이 바위산을 향해 출발했습니다. 결혼은 누구에게나 기쁜 일이지만, 프시케의 결혼은 모두를 슬프게 만들었습니다. 왕과 왕비는 하염없이 눈물을 흘리며 막내 공주 프시케를 바라보았습니다. 프시케의 슬픈 눈을 보고 있자니 긴 한숨이 절로 나왔습니다.

이윽고 산꼭대기에 이르렀습니다. 소리 없이 흐느끼던 프시케는 눈물을 닦으며 부모님에게 마지막 인사를 건넸습니다.

"아버지, 어머니. 제 걱정은 마시고, 부디 오래오래 행복하게 사세요."

사람들은 프시케를 남겨 두고 힘없는 발걸음으로 산에서 내려왔습니다. 왕과 왕비는 뻥 뚫린 듯한 가슴을 부여잡고 자꾸만 프시케를 돌아보았습니다. 이보다 슬픈 결혼식은 여태껏 없어 보였습니다.

이제 산꼭대기에는 프시케 혼자만 남았습니다. 아무도 없는 산꼭대기에 홀로 서서 괴물 남편을 기다리던 프시케는 갑자기 공포에 휩싸여 몸서리를 쳤습니다.

'아, 내 운명은 어째서 이다지도 슬픈 걸까? 괴물 남편과 어찌 한평생을 살지?'

프시케의 눈에서 눈물이 뚝뚝 떨어졌습니다. 그때 어디선가 휘이잉 바람이 불어왔습니다. 프시케가 바람이 불어오는 곳을 향해 고개를 돌리자 누군가가 하늘에서 프시케를 향해 다가오고 있었습니다.

"누, 누구세요?"

프시케가 겁에 질린 표정으로 물었습니다.

프시케를 나르는 제피로스

서풍의 신 제피로스가 프시케를 싣고 하늘 위로 떠오르는 모습이에요. 제피로스는 새벽의 여신 에오스의 아들로, 남풍의 신 노토스와 북풍의 신 보레아스와 형제 사이예요. 문학 작품에서는 제피로스가 가장 고요한 바람으로 그려져요. 보통 젊은 남자의 모습으로 등장하며 서풍의 신답게 새싹이 나고 꽃이 피는 봄이 다가옴을 알려 주는 신이랍니다.

〈제피로스에게 실려 가는 프시케〉 피에르 폴 프뤼동

"프시케 공주, 두려워하지 말아요. 난 서풍의 신 제피로스랍니다. 당신을 남편에게 데려다줄 테니, 어서 이 구름 위에 타세요."
제피로스는 프시케를 사뿐히 구름 위에 태우고 날아갔습니다.

언덕을 넘어 골짜기를 지나자 아름답고 눈부시게 번쩍이는 궁전이 나타났습니다.

"이곳이 당신이 살게 될 궁전입니다."

제피로스는 프시케를 내려놓고 순식간에 휙 사라져 버렸습니다. 프시케는 마음을 가다듬고 궁전을 바라보았습니다.

"정말 이곳에 괴물 남편이 사는 걸까?"

프시케는 믿어지지 않았습니다. 그곳은 전혀 괴물이 사는 곳 같지 않았습니다. 수정같이 맑은 샘이 솟아나고, 울창하게 우거진 숲도 참 아름다웠습니다. 궁전 또한 사람이 아닌 신에 의해 만들어진 곳처럼 웅장하고 화려했습니다.

"아, 마치 신들이 사는 궁전 같아."

　프시케는 용기를 내어 궁전 안으로 들어갔습니다. 조심스레 발걸음을 옮기던 프시케는 궁전 안의 아름다운 장식과 화려한 조각상을 보며 입을 다물지 못했습니다.

　천장을 받친 황금 기둥과 벽을 장식한 뛰어난 예술품들이 프시케의 눈을 사로잡았습니다.

　"내가 꿈을 꾸고 있는 건 아닐까?"

　프시케의 마음을 가득 채웠던 슬픔과 두려움은 어느새 사라졌습니다.

프시케는 이곳저곳을 다니며 궁전 안의 수많은 방을 구경했습니다. 방마다 아름다운 장식품으로 예쁘게 꾸며져 있었습니다.

그때 프시케의 눈앞에 커다란 방이 나타났습니다. 역시 화려하고 아름다운 그 방 한가운데에는 탁자가 있고, 그 위에는 금박으로 장식한 큼직한 상자가 놓여 있었습니다.

"이건 뭘까?"

호기심에 상자를 열어 본 프시케는 깜짝 놀랐습니다. 상자 안에는 보기 힘든 진귀한 보석들이 가득했습니다.

"세상에! 이렇게 아름다운 보석들은 처음 봐!"

프시케는 반짝거리는 보석들을 조심스럽게 집어 들었습니다.

그때 어디선가 낯선 목소리가 들려왔습니다.

"프시케 님, 이 궁전 안에 있는 것은 모두 당신의 것입니다."

프시케는 깜짝 놀라 주위를 둘러보았지만 아무도 보이지 않았습니다.

"누구세요? 숨어 있지 말고 얼굴을 보여 주세요."

"저는 프시케 님의 하인입니다. 여기까지 오시느라 고생 많으셨습니다. 비록 제 모습을 보여 드릴 수는 없지만 앞으로 제가 정성껏 모시겠습니다. 자, 그럼, 침실로 안내하겠습니다."

프시케는 상냥한 하인의 목소리를 따라 침실로 향했습니다. 화려하게 꾸며진 침실은 마치 한 폭의 그림처럼 아름다웠습니다.
　　"프시케 님, 이곳은 프시케 님을 위해 마련된 침실입니다. 필요한 것이 있으면 언제든 말씀하세요. 따뜻한 목욕물도 준비해 놓았으니 욕실에서 마음껏 피로를 푸셔도 좋습니다. 배가 고플 것 같아 정원에 식사도 준비해 두었습니다. 언제든지 나오셔서 드시면 된답니다."
　　프시케는 꿈을 꾸는 것만 같았습니다. 괴물과 결혼하면 무섭고 어두운 동굴 같은 곳에서 살게 될 줄 알았는데 말이지요.

　목욕을 마치고 포근한 침대에서 한숨 자고 일어난 프시케는 배가 고팠습니다.
　'아, 이제 배가 고픈데, 정원으로 나가 볼까?'
　프시케는 발걸음을 옮겼습니다. 아름다운 꽃과 나무로 어우러진 정원 한가운데에는 먹음직스러운 음식들이 푸짐하게 차려져 있었습니다. 프시케는 감미로운 음악을 들으며 맛있는 음식을 배불리 먹었습니다. 잠시나마 괴물과의 결혼을 까맣게 잊고 행복한 시간을 즐겼습니다. 그러다 문득 식탁에 턱을 괴고 생각에 잠겼습니다.

'그런데 나의 남편은 도대체 어디 있는 걸까? 그분은 정말 무시무시한 괴물일까?'

프시케는 남편이 누구이고 어떻게 생겼을지 궁금했습니다. 하지만 프시케의 궁금증에 답을 해 줄 사람은 없었습니다.

어느덧 날이 저물고 밤이 깊었습니다. 프시케는 침실로 가서 불을 끄고 폭신한 침대에 누워 스르르 잠이 들었습니다.

얼마나 시간이 흘렀을까? 갑자기 프시케의 침실에 그림자 하나가 나타났습니다. 언뜻 비치는 그림자의 형체는 무시무시하거나 끔찍한 괴물의 모습은 아니었습니다.

프시케에게 입을 맞추는 에로스

에로스가 프시케의 이마에 입을 맞추고 있어요. 에로스는 수줍어하는 프시케를 마치 보석이라도 다루는 것처럼 조심스럽게 감싸 안고 있어요. 프시케를 보호하려는 듯 에로스는 강한 새의 날개를 하고 있어요.

〈에로스와 프시케〉 프랑수아 제라르

그림자는 잠든 프시케 곁으로 다가와 가늘고 긴 손가락으로 프시케의 머리카락을 어루만졌습니다. 인기척을 느낀 프시케는 깜짝 놀라 눈을 떴습니다.

"누, 누구세요?"

"두려워 마요. 나는 당신의 남편입니다."

침대 머리맡에서 무척이나 부드럽고 아름다운 남자의 목소리가 들려왔습니다. 남자는 프시케의 이마에 살포시 입을 맞추었습니다. 비록 얼굴은 보이지 않았지만, 프시케는 남편의 매끄러운 피부와 싱그러운 향기를 느낄 수 있었습니다.

프시케는 남편이 어떻게 생겼는지 몹시 궁금했습니다.

"어두워서 당신의 모습을 볼 수가 없어요. 불을 켜고 얼굴을 보여 주세요."

프시케가 간절히 부탁했지만 남편은 거절했습니다.

"안 돼요, 프시케! 절대 내 얼굴을 봐서는 안 돼요."

"왜죠? 왜 내가 당신의 모습을 보면 안 되는 건가요?"

"프시케, 내 말을 잘 들어요. 당신이 나를 사랑한다면 절대로 나의 얼굴을 보려 하지 말아요. 당신이 내 얼굴을 보는 순간, 우리는 더 이상 만날 수 없게 된답니다."

"하지만 어떻게 남편의 얼굴도 모른 채, 평생을 함께 살아갈 수 있겠어요?"

"프시케, 아무것도 묻지 말고 나만 믿어요. 당신이 나를 믿고 따라 준다면 우리는 언제까지나 행복하게 살 수 있을 거예요!"

남편은 프시케의 궁금증은 풀어 주지 않고 그저 간절하게 부탁했습니다. 프시케는 어찌할 바를 몰랐습니다.

"프시케, 부디 내 사랑을 의심하지 말아요."

남편은 마음이 어수선한 프시케를 따뜻하게 안아 주었습니다.

그때 창문으로 하얀 달빛이 쏟아져 들어왔습니다. 그러자 남편의 아름다운 형체가 달빛 아래로 희미하게 드러났고, 그 모습을 본 프시케는 한동안 넋을 잃고 말았습니다.

남편은 프시케에게 다시 한번 다짐을 받았습니다.

"절대로 내 얼굴을 보지 않겠다고 약속해 줘요. 당신이 이 약속을 잘 지켜 준다면, 나는 밤마다 당신을 보러 올 거예요. 그럼 우리는 함께 즐겁게 지낼 수 있어요."

"알겠어요. 반드시 약속을 지킬게요."

프시케는 고개를 끄덕이며 대답했습니다.

"아, 내 사랑 프시케, 정말 고마워요."

어느덧 동이 트기 시작했습니다.

남편은 프시케를 남겨 둔 채 홀연히 사라졌습니다. 프시케의 입가에는 행복한 미소가 번졌습니다.

'저렇게 친절하고 사랑이 가득한 목소리를 가진 분이 괴물일 리 없어. 그림자만 보아도 그분의 아름다움과 매력이 느껴지는걸. 아, 내 사랑.'

프시케를 사랑한 에로스

　프시케는 남편의 얼굴은 보지 못했지만 따뜻하고 다정다감한 남편의 행동으로 미루어 그가 무섭고 끔찍한 괴물일 리 없다고 생각합니다. 남편이 무시무시한 괴물이라는 세상의 소문에 얽매이기보다는 남편의 진실한 행동을 보고 판단을 내린 것이지요.

　우리는 보통 사람의 외모나 겉모습으로 그 사람을 쉽게 판단합니다. 그렇게 겉만 보고 상대방의 진실한 모습과 진정한 가치를 오해할 때가 많지요. 하지만 과연 외모나 말이 그 사람을 나타내는 전부일까요?

　독일 시인 클라우디우스는 "사람을 판단하는 데는 그가 하는 말보다 행동을 보고 결정하는 것이 낫다. 왜냐하면 행동은 좋지 않으면서 말은 그럴듯하게 하는 사람이 많기 때문이다."라고 말했습니다. 이 말은 사람을 대할 때는 화려한 겉모습이나 요란한 말보다는 진실한 마음과 행동을 눈여겨보는 것이 중요하다는 것이지요. 또한 우리 자신도 진실한 모습을 보일 수 있도록 애써야 한다는 뜻이기도 합니다.

　영국 작가 셰익스피어는 다음과 같이 말했습니다.

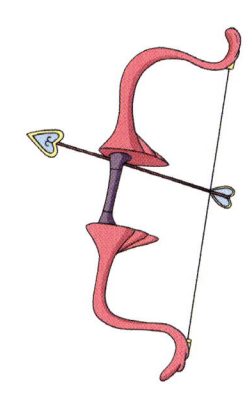

"당신이 순수하고 맑은 마음을 가졌다면 열 개의 진주 목걸이보다도 더 행복한 빛이 될 것이다. 당신이 비록 어려운 상황에 놓여 있다고 할지라도 당신의 마음이 진실하다면 아직 힘 있는 행복을 지닐 것이다. 왜냐하면 진실한 마음에서만 인생을 헤쳐 나갈 힘 있는 지혜가 생겨나기 때문이다. 당신이 아무리 지위가 높고 지식이 많더라도 진실을 잃는다면 지위와 지식은 당신의 몸에 붙어 있지 않을 것이다."

사람은 자신의 행동으로 인생을 만들어 간다고 합니다. 여러분도 진실한 마음과 행동으로 자신의 인생을 행복하게 이끌어 나가기를 바랍니다.

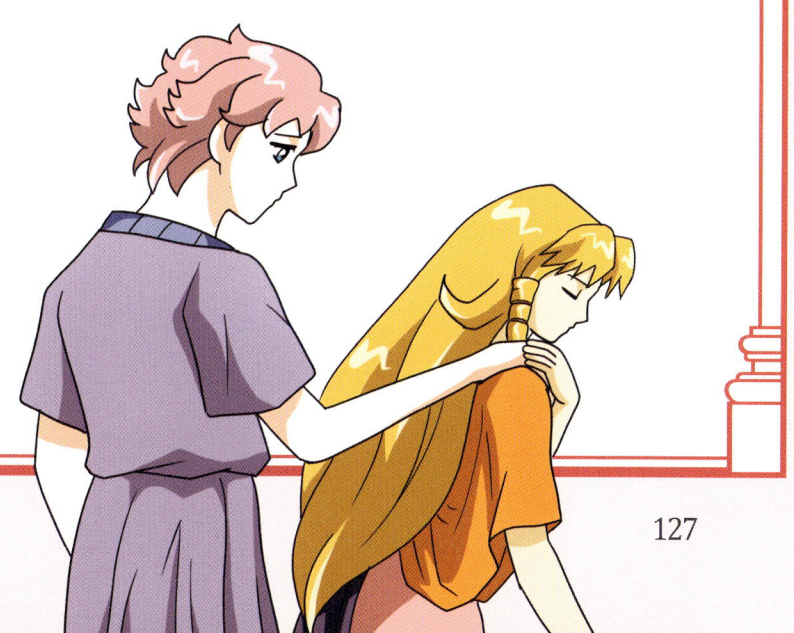

미로 찾기

미로 찾기로
모험을 떠나 보아요!

출발

도착

정답은 맨 뒷장에 있습니다.

나만의 컬러링

'애니메이션 원화'를
예쁘게 색칠해 보아요!

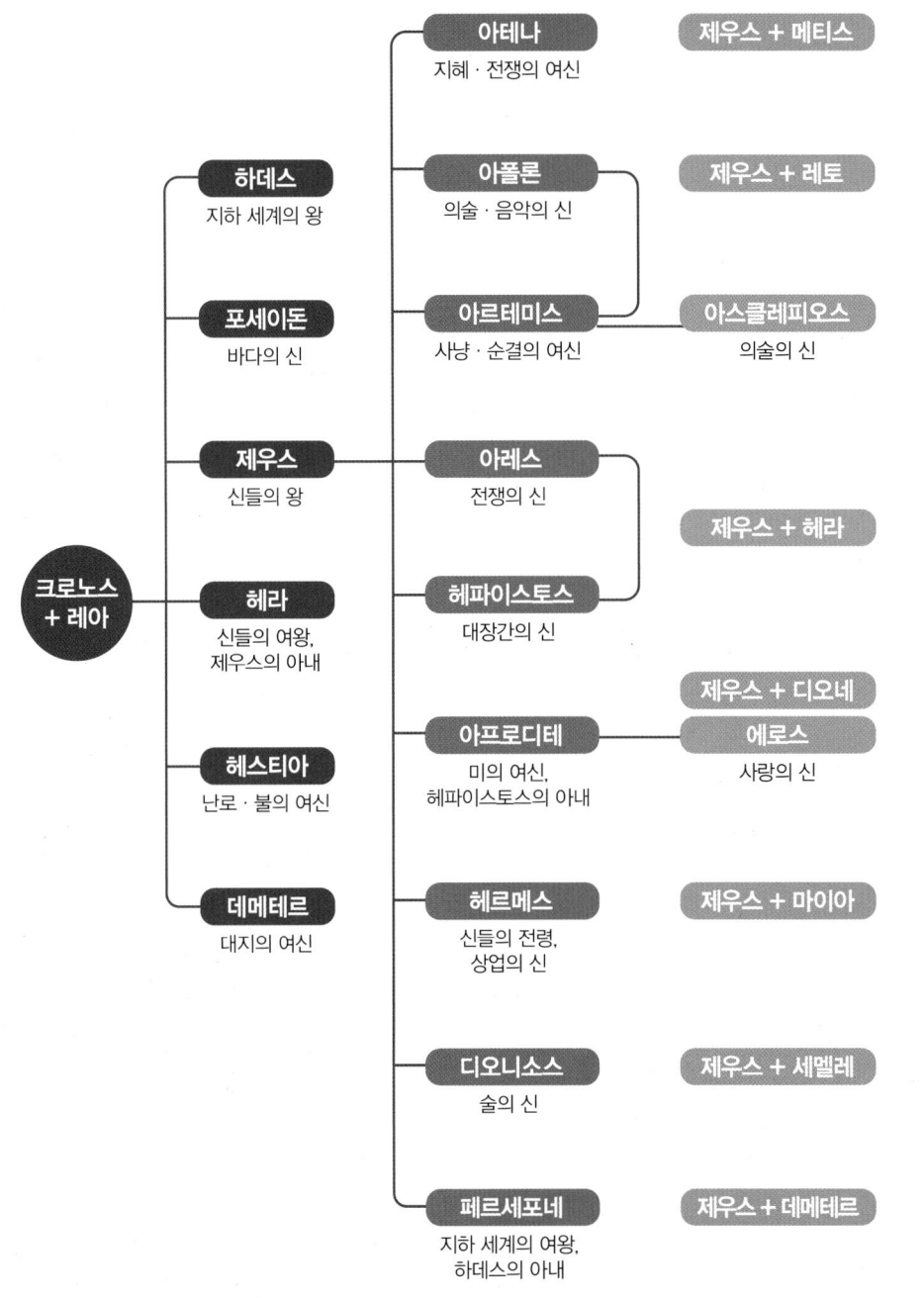

OLYMPUS GUARDIAN

그리스 로마 신화 주요 인물의 이름

그리스어	로마어	영어
가이아	텔루스	
니케	빅토리아	나이키, 빅토리
데메테르	케레스	세레스
디오니소스	바쿠스	바커스
레아	키벨레	시벨레
아레스	마르스	마스
아르테미스	디아나	다이애나
아테나	아테네, 미네르바	
아폴론	아폴로	아폴로
아프로디테	베누스	비너스
에로스	쿠피드, 아모르	큐피드
오디세우스	울릭세스	율리시스
우라노스	카일루스	유러너스
제우스	유피테르	주피터
크로노스	사투르누스	새턴
페르세포네	프로세르피나	
포세이돈	넵투누스	넵튠
하데스	플루톤	플루토
헤라	유노	주노
헤라클레스	헤르쿨레스	허큘리스
헤르메스	메르쿠리우스	머큐리
헤스티아	베스타	
헤파이스토스	불카누스	벌컨

미로 찾기 정답

전쟁과 지혜의 신 아테나

초판 1쇄 인쇄 2020년 10월 10일
초판 1쇄 발행 2020년 10월 20일

지음 토마스 불핀치 | **엮음** 주니어RHK 편집부
그림제공 ㈜SBS콘텐츠허브
원작 만화로 보는 그리스 로마 신화(이광진 엮음, 홍은영 그림, 가나출판사)

발행인 양원석　**책임편집** 김민정　**디자인** 강소정
영업마케팅 윤우성, 박소정

펴낸 곳 ㈜알에이치코리아
주소 서울시 금천구 가산디지털2로 53, 20층 (가산동, 한라시그마밸리)
편집문의 02-6443-8872　**도서문의** 02-6443-8800　**팩스** 02-6443-8959
등록 2004년 1월 15일 제2-3726호

ⓒ 올림포스 가디언
ⓒ SBS/SBS콘텐츠허브/가나미디어/동우에이앤아이

ISBN 978-89-255-8983-1 (73210)

어린이제품 안전특별법 표시 사항
제품명 도서 | **제조자명** ㈜알에이치코리아 | **제조국명** 대한민국 | **전화번호** 02)6443-8800
주소 서울시 금천구 가산디지털2로 53, 20층(한라시그마밸리)

※ 책값은 뒤표지에 있습니다.
※ 맞춤법과 띄어쓰기는 국립국어원의 기준에 따랐습니다.
※ 잘못된 책은 구입하신 곳에서 바꾸어 드립니다.
△ 책 모서리가 날카로워 다칠 수 있으니 사람을 향해 던지거나 떨어뜨리지 마십시오.

알에이치코리아 홈페이지와 블로그, SNS에서 자사 도서에 대한 더 많은 정보와 이벤트 혜택을 확인할 수 있으며,
전자책도 만나볼 수 있습니다.
홈페이지 http://rhk.co.kr | http://ebook.rhk.co.kr　페이스북 https://www.facebook.com/rhk.co.kr
블로그 http://randomhouse1.blog.me　유튜브 http://www.youtube.com/randomhousekorea
주니어RHK 포스트 https://post.naver.com/junior_rhk　인스타그램 @junior_rhk